BEI GRIN MACHT SICH IHR
WISSEN BEZAHLT

- Wir veröffentlichen Ihre Hausarbeit,
  Bachelor- und Masterarbeit

- Ihr eigenes eBook und Buch -
  weltweit in allen wichtigen Shops

- Verdienen Sie an jedem Verkauf

Jetzt bei www.GRIN.com hochladen
und kostenlos publizieren

Madleen Wendt

"Aus dem Leben eines Taugenichts" von Joseph von Eichendorff. Eine Analyse des dritten Kapitels und Einordnung in die Romantik

GRIN Verlag

Bibliografische Information der Deutschen Nationalbibliothek:

Die Deutsche Bibliothek verzeichnet diese Publikation in der Deutschen National-
bibliografie; detaillierte bibliografische Daten sind im Internet über http://dnb.d-
nb.de/ abrufbar.

Dieses Werk sowie alle darin enthaltenen einzelnen Beiträge und Abbildungen
sind urheberrechtlich geschützt. Jede Verwertung, die nicht ausdrücklich vom
Urheberrechtsschutz zugelassen ist, bedarf der vorherigen Zustimmung des Verla-
ges. Das gilt insbesondere für Vervielfältigungen, Bearbeitungen, Übersetzungen,
Mikroverfilmungen, Auswertungen durch Datenbanken und für die Einspeicherung
und Verarbeitung in elektronische Systeme. Alle Rechte, auch die des auszugsweisen
Nachdrucks, der fotomechanischen Wiedergabe (einschließlich Mikrokopie) sowie
der Auswertung durch Datenbanken oder ähnliche Einrichtungen, vorbehalten.

Impressum:

Copyright © 2010 GRIN Verlag GmbH
Druck und Bindung: Books on Demand GmbH, Norderstedt Germany
ISBN: 978-3-656-61063-2

Dieses Buch bei GRIN:

http://www.grin.com/de/e-book/269880/aus-dem-leben-eines-taugenichts-von-
joseph-von-eichendorff-eine-analyse

GRIN - Your knowledge has value

Der GRIN Verlag publiziert seit 1998 wissenschaftliche Arbeiten von Studenten, Hochschullehrern und anderen Akademikern als eBook und gedrucktes Buch. Die Verlagswebsite www.grin.com ist die ideale Plattform zur Veröffentlichung von Hausarbeiten, Abschlussarbeiten, wissenschaftlichen Aufsätzen, Dissertationen und Fachbüchern.

Besuchen Sie uns im Internet:

http://www.grin.com/

http://www.facebook.com/grincom

http://www.twitter.com/grin_com

Analyse des dritten Kapitels in „Aus dem Leben des Taugenichts" von Eichendorff

Die Novelle „Aus dem Leben eines Taugenichts" von Joseph von Eichendorff handelt von einem jungen Mann, der nur als „Taugenichts" bekannt ist und aus dem bürgerlichen Alltagsleben aussteigt, in die Welt hinauszieht, um sein Glück zu versuchen.

Der gegebene Textauszug des dritten Kapitels (S.23 Z.17 bis S.26 Z.23 - Reclamausgabe) der Novelle lässt sich grob in fünf Abschnitte unterteilen. In einem ersten erfährt der Taugenichts erste Zweifel auf seiner überstürzten Reise nach Italien, da er den Weg nicht kennt und auch kein Auskunft von dem Bauern, den er fragt, bekommt. Die Frage nach der Umkehr löst sich jedoch auf, als der Protagonist daran denkt, wie gut ihm Italien von dem Portier des Schlosses beschrieben worden ist. Die Stimmung wechselt im zweiten einzuteilenden Abschnitt, in dem er mit neuem Mut und Fröhlichkeit seine Wanderung fortsetzt. Im darauffolgenden Schritt der Erzählung träumt der Taugenichts von seiner Liebsten auf dem Schloss. Nach dem Erwachen wird er von dem Bauer, den er nach dem Weg gefragt hat, als Faulenzer beschimpft, worauf der Protagonist flüchtet. Er vergisst seinen Ärger über die Zurechtweisung des Bauern jedoch schnell und setzt seine Wanderung fort.

Um die dargestellte Textstelle in den Gesamtzusammenhang der Novelle einzuordnen, ist zunächst zu sagen, dass der Aufbau der Erzählung als kreisförmig zu beschreiben ist. Das heißt, dass der Taugenichts am Novellenschluss wieder zum Ort der ersten zwei Kapitel, dem Schloss, zurückkehrt. Außerdem findet nach jedem zweiten Kapitel ein neuer Aufbruch durch die Hauptperson statt. Um dies auf den einzuordnenden Textausschnitt zu beziehen, ist festzustellen, dass dieser den Beginn des dritten Kapitels darstellt und somit den zweiten Aufbruch des Taugenichts beschreibt. Im ersten Kapitel verlässt dieser seine Heimat wegen des Unmuts seines Vaters und der Sehnsucht nach der Ferne. Er lässt sich vom Zufall leiten und kommt auf ein Schloss, wo er als Gärtnerjunge angestellt wird. Im darauffolgenden Kapitel wird er zum Zolleinnehmer befördert und verliebt sich in die vermeintliche Tochter der Gräfin. Deren Unerreichbarkeit und einige Missverständnisse lassen ihn am Ende des zweiten Kapitels wieder in die Ferne aufbrechen. Das zum Teil gegebene Kapitel beschreibt seine Reise nach Italien, auf der er zwei Gleichgesinnte Maler trifft. Im vierten Kapitel wird er von den Malern verlassen, die ihm Geld und Postkutsche zur Weiterreise hinterlassen. Durch dem Taugenichts unerklärliche Zufälle gelangt er im fünften Kapitel auf ein Schloss, auf dem er einige Zeit verbringt. Im Kontext der Novelle, deren Leitfaden, die fortgesetzte Wanderung des Taugenichts bildet, bricht er also im gegebenen Auszug zum zweiten Mal in die Ferne auf.

Die vorliegende Novelle charakterisiert sich vor allem durch eine Vielfalt an ausführlichen und anschaulichen Beschreibungen der Landschaft. Auch die Personen, die allerdings hinter den Naturbeschreibungen zurückstehen, werden ausführlich durch ihre äußerlichen Merkmale charakterisiert. Im Folgenden ist es das Ziel die Natur- und Personenbeschreibung zu Beginn des dritten Kapitels herauszuarbeiten. Man erkennt zunächst, betreffs der Beschreibung der Landschaft, dass die Beschreibung der Tageszeiten ein wesentlicher Bestandteil dieser ist: „In der stillen Morgenstunde" (S.27, Z.7f.), „wo die Morgensonne [...] hindurchschimmerte" (S.28, Z.12).

Auch beim Lesen der gesamten Novelle fällt dies auf. Im Allgemeinen ist festzustellen, dass der Tageszeitrhythmus in Verbindung mit der Naturbeschreibung die Stimmung des Protagonisten bestimmt und somit als Stimmungsträger bezeichnet werden kann.

Auch im zu bearbeitenden Kapitel der Novelle stellt sich dieser Sachverhalt heraus, denn als der Taugenichts nach einigen Zweifeln wieder neuen Mut fasst und seine Wanderung fortsetzt, wird die Natur wie folgt, beschrieben: „sah ich [...] einen sehr schönen Baumgarten, wo die Morgensonne so lustig [...] hindurchschimmerte, dass es aussah, als wäre der Rasen mit goldenen Teppichen belegt" (S.28, Z.10-14). An einer anderen Stelle heißt es: „Ich war recht fröhlich im Herzen, die Vögel sangen über mir im Baume…" (S.28, Z.22f.). Passend zu seiner Fröhlichkeit und zu seinen neu geschöpften Optimismus wird die Landschaft durch Adjektive wie „schön", „lustig" und „golden" beschrieben. Als sich sein Traum von der „schönen Frau" in einen Alptraum wandelt „hatte sich ein Wind erhoben" (S.29, Z.15).

Man erkennt also, dass die Natur passend zu den Stimmungen und Gefühlen des Taugenichts konzipiert ist.

Des Weiteren werden in diesem Textauszug Personen beschrieben, nämlich der Bauer und der Portiert. Bei seinem ersten Auftritt wird der Bauer als „stattlich" (S.27, Z.26) und seine Kleidung als „altmodisch" aber doch wohlhabend beschrieben (S.27, Z.15-18). Die Beschreibung erfolgt bis auf die Wertungen „altmodisch" und „staatlich" nüchtern, nur die „in der Sonne funkel[nde]" Silberknöpfe weisen darauf hin, dass sich der Bauer für etwas Besseres hält und dies auch zeigen will, was auch der feststehende Attribut der „kurfürstlichen Nase" des Portiers (S.27, Z.33) symbolisieren soll.

Bei der zweiten Begegnung mit dem Bauer wird dieser vor der Auseinandersetzung noch nüchtern betrachtet (vgl. S.29, Z.19f.). Doch im Laufe dieser wird er vom Taugenichts als „Knollfink" (S.29, Z.31) bezeichnet, was mit plumper, grober Mensch zu übersetzen ist. Auch die Beschreibung der Person fällt diesmal anders aus. Im Gegensatz zu der ersten Begegnung, wo nur die Kleidung beschrieben wird, wird der Bauer hier wie folgt als „ein kurzer, stämmiger, krummbeiniger Kerl" charakterisiert (S.29, Z.34). Dies und die „vorstehende[n] Augen" und die „schiefe Nase" (S.35) sind durchgängig negativ geprägte Attribute, während er vorher noch neutral betrachtet wird. Auch hier sieht man somit, dass sich die Personenbeschreibung der Situation und der Stimmung anpasst. Im Vergleich kann hierzu gezogen werden, dass der Taugenichts den Portier durchweg neutral beschreibt, jedoch bei einer Auseinandersetzung „seinen langweiligen Mantel, [...], die große Nase und alles abscheulich" (S.17, Z.10-12) findet.

Bei beiden Auseinandersetzungen erkennt der Taugenichts das Verhalten dieser beiden als das der Philister. Der Portier sieht die Jagd nur unter dem Nützlichkeitsaspekt und der Bauer hat „das zertrampelte Gras" (S.29, Z.22) im Kopf und bezeichnet den Taugenichts als „Faulenzer" (S.29, Z.24). Dass der Taugenichts ein bloßes Nützlichkeitsdenken ablehnt, sowie das unpoetische Leben der Bürgerlichen, welches seinen Höhepunkt nur im

Kirchenbesuch findet (siehe den Sonntagsanzug des Bauers), findet also in der Beschreibung der Personen , die eine Gesinnung eines Philisters haben, seinen Ausdruck.

Zusammenfassend lässt sich sagen, dass sowohl Natur- als auch Personenbeschreibung ausführlich ausfallen und jeweils Stimmungsträger sind. Die Charakterisierung der Personen durch ihr Äußeres wird überdies durch die Ansichten des Taugenichts bestimmt. Außerdem kann die Beschreibung der Natur als Indiz für die Naturverbundenheit des Taugenichts gesehen werden.

Betreffs der literarischen Einordnung gehört die Novelle Eichendorffs in die Epoche der Romantik. Zu belegen ist dies an einigen Motiven der Romantik, die sich in der Novelle wiederfinden.

Zunächst kann die bereits festgestellte Beschreibung der Natur und die Naturverbundenheit des Protagonisten als Kennzeichen der Romantik charakterisiert werden: Die Romantiker verehren die Schönheit der Natur.

Des Weiteren festgestellt wurde Aufbruchsstimmung, die sich wie ein Leitfaden durch die Erzählung zieht. Dieses Motiv des Aufbruch und des Wanderns ist weit verbreitet in der Romantik, da dies gut das Motiv der Sehnsucht darstellen lässt. Hier verspürt der Taugenichts Sehnsucht nach der Ferne und nach der Suche des Glücks, was der Grund für seinen Aufbruch ist.

Charakteristisch sind ferner die Ruhelosigkeit und der Wechsel von Heim- und Fernweh. Auch dies ist bei der Person des Taugenichts zu erkennen: Im vorliegenden Abschnitt zweifelt er daran, seine Wanderung fortzusetzen und auch nach seinem Entschluss, nicht umzukehren, erinnert er sich „an [s]eine Mühle, an den Garten der schönen gnädigen Frau" (S.28, Z.23ff.). Auch im Verlauf der Novelle erkennt man seine Ruhelosigkeit und seine Unfähigkeit am selben Ort zu bleiben. Sobald die Ferne zur Nähe wird, bricht er erneut auf und immer begleiten ihn das Heimweh bei einer Reise und die Sehnsucht nach der Ferne bei einem Aufenthalt. Dieser Widerspruch ist typisch für die Literatur der Romantik.

Wichtige Ideale dieser Epoche sind auch das Gefühl und die Intuition, von denen sich auch der Taugenichts leiten lässt: „Nein, nach Italien, nach Italien! rief ich voller Vergnügen" (S.28, Z.7). Entgegen der Ergebnisse Vernunft und Verstand der Aufklärung, versucht die Romantik die Bedeutung des Subjektiven darzustellen. Der Traum im hiesigen Abschnitt zeigt ein weiteres Ideal der Romantik, die Wert auf Gegenwelten wie die des Traumes oder der Fantasie legen, um in diese vor dem bürgerlichen Alltag zu flüchten, womit es auch ein Aspekt des Sehnsuchtsmotives darstellt.

Das Thema des Traumes, die „schöne gnädige Frau", lässt sich dem bevorzugten romantischen Thema der Liebe zuordnen. Liebe und Freundschaft sind in der Romantik an das deutsche Mittelalter an. Durch diese Rückbesinnung auf eine geordnete Welt in Zeiten der Säkularisierung soll eine utopische Welt geschafft werden, in der es eine kulturelle und christliche Einheit gibt, was sich die Romantiker wünschen. Das Mittelalter äußert sich in dieser Novelle in der Anlehnung an den mittelalterlichen Minnesang, die im Traum des Taugenichts deutlich wird, wo dieser sich daran erinnert, wie er vor dem Fenster der Liebsten stand und ihrem Gitarrenspiel lauscht. Auch der Katholizismus, der sich in der Spätromantik in religiösen Themen äußerte, kommt in der Frömmigkeit des Taugenichts zur Geltung: „Ich befahl mich Gottes Führung" (S.30, Z.17f.)

Ein weiteres Thema der Romantik war die Gegenüberstellung der Philister und der Romantiker, d.h. des bürgerlichen Alltags und dem poetischen Dasein in der freien Natur. Anhänger der Romantik sahen den Alltag der Bürgerlichen als grau, langweilig und beschränkt an. Sie stellten sich gegen bloßes Nützlichkeitsdenken und kritisierten somit die Lebensweise der Philister, die sie in ihren Werken den romantischen Menschen gegenüberstellen. Diese Thematik findet sich auch in der Novelle Eichendorffs, was sich nicht explizit aber in der Personenwahrnehmung des Taugenichts in diesem Abschnitt zeigen lässt, denn diese projizieren hier die negativen Ansichten über die Philister. Außerdem protestiert der Taugenichts mit seiner gegensätzlichen Lebenseinstellung des „ewigen Sonntags" (S.5, Z.33) gegen das bürgerliche Lebensziel „es zu was Rechtem [zu] bringen" (S.8, Z.27).

Was man nicht im gegebenen Textauszug sieht, was aber im Blick auf die Gesamtgestaltung deutlich wird, ist die Kombination von Lyrik und Prosa, was auch ein Kennzeichen der Gestaltung in der Romantik darstellt.

Man kann also viele Motive der Romantik in diesem Abschnitt entdecken, wovon die für die Romantik am wichtigsten das Motiv der Sehnsucht und das Wandermotiv sind.

Oft wird die Novelle als dem Märchen „Hans im Glück" sehr ähnlich dargestellt. Dies ist zum Beispiel darauf zurückzuführen, dass sich die Erzählung einfach liest und als Märchen für Erwachsene verstanden werden kann. Die märchenhaften Wendungen der Handlung, die immer positive Zufälle für den Protagonisten bereithalten, z.B. wenn er mit auf das Schloss genommen wird und dort, obwohl er ein „Taugenichts" ist, angestellt wird, lassen an ein Märchen denken.

Auch das Ende, wo seine Reise mit seiner Reife, dem Auflösen der Verwirrungen und Missverständnisse und dem Erlangen wahrer Liebe endet, kann als märchenhaft bezeichnet werden: „und er war alles, alles gut!" (S.101, Z.10).

Mit dem Märchen „Hans im Glück" hat die Novell vor allem das Thema gemeinsam: die Sehnsucht nach der Ferne, der Ausstieg aus dem bürgerliche Leben und der Aufbruch in die weite Welt, um sein „Glück [zu] machen" (S.5, Z.15f.). Auch Hans, der Held des genannten Märchens, zieht ohne rationale Überlegungen anzustellen in die Welt und vertraut auf sich und sein Schicksal. Dies ist gleichzusetzen mit der Einstellung des Taugenichts, der sich von Gott leiten lässt. „Den lieben Gott lass ich nur walten" (S.6, Z.13). Außerdem erlangen sie am Ende beide Glück, allerdings verwirklicht sich Hans, indem er materiell mit nichts endet und der Taugenichts durch die Zusammenführung mit seiner „schönen gnädigen Frau".

Abgesehen von den inhaltlichen Überschneidungen und den märchenhaften Wendungen in der Novelle, gibt es jedoch strukturelle Unterschiede, die die Erzählung des Taugenichts von einem Märchen unterscheiden: Zum einen die Länge und die Ausführlichkeit der Erzählung, aber auch der Umstand, dass das Märchen immer eine Moral hat und Fabelwesen beinhalten kann. Zwar muten die positiven Zufälle, die dem Taugenichts widerfahren märchenhaft an, bleiben aber realistisch, was im Märchen nicht der Fall sein muss. Im Märchen „Hans im Glück" spielen Wendungen durch Fabelwesen zwar keine Rolle, jedoch aber die Moral, nämlich, dass der Mensch auch ohne materielles Vermögen glücklich werden kann. Eine solche Moral gibt es in der Novelle nicht.

Auch wenn die Novelle viel mit einem Märchen generell und mit diesem im Insbesonderen gemein hat, so denke ich, dass es falsch wäre, es bei dieser Deutung zu belassen. Wer nur das Märchenhafte in der Novelle sieht, erkennt nicht den anderen Aspekt der Erzählung.

Eichendorff widmete vor allem der Abrechnung mit der Aufklärung, also der Vernunft, sein schriftstellerisches Dasein. Auch in dieser Erzählung zeigt sich dies, da der Taugenichts als Medium angesehen werden kann, mit dem er gegen das Philistertum protestiert. Eichendorff hält mit dem vom Gefühl geleiteten Taugenichts gegen die Ideale der Aufklärung, Vernunft und Verstand. Oberflächlich sieht man, dass Eichendorff märchenhaft einen idealen romantischen Menschen skizziert, mit dem er aber tiefgründig gegen die zwecklose, inhumane Geschäftigkeit des Bürgertums revoltiert. Dem Spott gegenüber den Philistern widmet er sogar eine Strophe des Liedes „Wem Gott will rechte Gunst erweisen": „Die Trägen, die zu Hause liegen, erquicket nicht das Morgenrot…" (S.6, Z.5-8). Da Eichendorff selbst ein solches bürgerliches Leben führte, kann die Novelle auch gedeutet werden, als eine Sehnsucht seinerseits, ein Leben wie das des Taugenichts zu führen. Allerdings denke ich, dass man diese Deutungsansätze im Zusammenhang miteinander betrachten muss, und keinen einzeln als Wahrheit hinstellen darf:

So kann die Novelle gleichsam als Märchen, als romantisches Ideal, wie auch als Gesellschaftskritik und persönliche Sehnsucht des Autors verstanden werden. In der Novelle nur das vergleichbare Märchen „Hans im Glück" zu sehen wäre jedoch zu kurzsichtig.

Zitatangaben aus der Ausgabe von Reclam: Joseph von Eichendorff: „Aus dem Leben eines Taugenichts", Philipp Reclam, Stuttgart 2001